ASOMBROSA MAMÁ

Espacio para Mensaje Personalizado

I0386417

Asombrosa Mamá: Un Poema de Apreciación

COLECCIÓN DE POESÍA I

Escrito por Macarena Luz Bianchi

Ilustrado por Zonia Iqbal

 Para recibir un libro electrónico gratis, contenido exclusivo, más maravillas, bienestar y sabiduría, suscríbetea el boletín *Lighthearted Living* en MacarenaLuzB.com y mira sus otros poemas, libros y proyectos.

ISBN: Hardcover: 978-1-954489-06-6 | Paperback: 978-1-954489-05-9 | Ebook: 978-1954489-07-3

Imprint

Spark Social, Inc. es una imprenta en Miami, FL, USA, SparkSocialPress.com

Información sobre pedidos: Hay licencias disponibles, libros personalizados y descuentos especiales en las compras de cantidades. Para más detalles, póngase en contacto con la editorial info@sparksocialpress.com.

Todos los derechos reservados. Ninguna parte de este libro puede ser reproducida de ninguna manera sin permiso escrito, excepto en el caso de breves citas incluidas en artículos críticos y reseñas. Para solicitar la autorización, póngase en contacto con el editor indicando: Permiso de reproducción de extractos.

Copyright © 2021 by MACARENA LUZ BIANCHI

ASOMBROSA MAMÁ

Un Poema de Agradecimiento

COLECCIÓN DE POESÍA I

Macarena Luz Bianchi

Imprint
Spark Social Press

Querida Mamá, eres asombrosa como un jardín y yo soy las semillas.

Creas luz, bienestar y sabiduría en mí.

Agradezco como siempre piensas en mí.

Tu amor siembra paz y luz,
permitiéndome soñar.

cuidado florece y expande el bienestar en mi mente, cuerpo y alma.

Tus palabras de sabiduría me nutren, enriquecen e inspiran.

Asombrosa mamá, eres más que el jardín.

Tú también eres el sol.

Tu apoyo incondicional me motiva a crecer y divertirme.

Tu cálida generosidad y fe en mí, se sienten como un abrazo.

Gracias a ti y todo lo que haces,
florezco más que un jardín.

Estoy lleno de posibilidades.

Aunque no lo diga lo suficiente,
por favor quiero que sepas que
te amo, te honro y te aprecio,
mi asombrosa Mamá.

(versión original)

Glorious Mom
THE POEM

Dear Glorious Mom, you are like a garden, and I'm the seeds.

You always create wonder, wellness, and wisdom in me.

I appreciate how you always consider me.

Your love sprouts wonder, allowing me to dream.

Your care blooms and expands wellness in my mind, body, and spirit.

Your words of wisdom nourish, enrich, and inspire me.

Glorious Mom, you are more than the garden. You are also the sun.

Your unconditional support encourages me to grow and have fun.

Your generous warmth and faith feel like a hug.

Thanks to you and all you do, I flourish into more than flowers and trees. I am full of possibilities.

Although I may not say it enough, please know that I love, honor, and appreciate you, my Glorious Mom.

Asombrosa Mamá
POEMA DE AGRADECIMIENTO

Querida Mamá, eres asombrosa como un jardín y yo soy las semillas.

Creas luz, bienestar y sabiduría en mí.

Agradezco cómo siempre piensas en mí.

Tu amor siembra paz y luz, permitiéndome soñar.

Tu cuidado florece y expande el bienestar en mi mente, cuerpo y alma.

Tus palabras de sabiduría me nutren, enriquecen e inspiran.

Asombrosa mamá, eres más que el jardín. Tú también eres el sol.

Tu apoyo incondicional me motiva a crecer y divertirme.

Tu cálida generosidad y fe en mí, se sienten como un abrazo.

Gracias a ti y todo lo que haces, florezco más que un jardín. Estoy lleno de posibilidades.

Aunque no lo diga lo suficiente, por favor quiero que sepas que te amo, te honro y te aprecio, mi asombrosa Mamá.

¡Gracias!

Inspirate & Mantente Conectado

Para recibir un libro electrónico gratis, contenido exclusivo, más maravillas, bienestar y sabiduría, suscríbete al boletín *Lighthearted Living* en MacarenaLuzB.com y mira sus otros poemas, libros y proyectos. ✨

Se Agradece sus Comentarios

Si te gusta este libro, revísalo para ayudar a otros a descubrirlo. Si tienes algún otro comentario, dejanos saber en info@macarenaluzb.com o en la página de contacto en MacarenaLuzB.com. Nos encantaría saber de ti y saber qué temas deseas en los próximos libros. 🌹

Sobre la Autora

Macarena Luz Bianchi

Macarena Luz Bianchi tiene un enfoque alegre y empoderador y sus lectores la consideran cariñosamente como Hada Madrina. Más allá de su colección de libros de regalo y poemas, también escribe guiones, ficción y no ficción para adultos y niños. Le encanta el té, las flores y los viajes.

Suscríbete a su boletín *Lighthearted Living* para obtener un libro electrónico gratuito y contenido exclusivo en MacarenaLuzB.com y sígala en las redes sociales. 💗

Libros de Regalo
COLECCIÓN DE POESÍA I

- *Asombrosa Mamá: Un Poema de Agradecimiento*
- *Enhorabuena: Un Poema de Triunfo*
- *Feliz Aniversario: Un Poema de Afecto*
- *Feliz Cumpleaños: Un Poema de Celebración*
- *Intimidad: Un Poema de Adoración*
- *La Amistad: Un Poema de Apreciación*
- *La Gratitud Es: Un Poema de Empoderamiento*
- *Las Jirafas Agradecidas: ¿Qué es la Gratitud?*
- *Simpatía: Un Poema de Consuelo*
- *Valentín: Un Poema de Amor*

También disponibles para niños y en Ingles:
Gift Book Series.

www.ingramcontent.com/pod-product-compliance
Lightning Source LLC
Chambersburg PA
CBHW061108070526
44579CB00011B/178